SIGNS OF COLLAPSE

LOS SIGNOS DEL DERRUMBE

SIGNS OF COLLAPSE

LOS SIGNOS DEL DERRUMBE

Poems by

Antonio Rodríguez Jiménez
Translated by Jorge Rodriguez-Miralles

Poems by Antonio Rodríguez Jiménez
Translated by Jorge Rodríguez-Miralles

Clare Songbirds Publishing House Poetry Series

ISBN 978-1-947653-42-9
Signs of Collapse© 2018 Antonio Rodríguez Jiménez

All Rights Reserved. Clare Songbirds Publishing House retains right to reprint.
Permission to reprint individual poems must be obtained from the author who owns the copyright.

Printed in the United States of America
FIRST EDITION

Library of Congress Control Number: 2018964948

140 Cottage Street
Auburn, New York 13021
www.claresongbirdspub.com

Para Vega, Jorge y Leonor

For Vega, Jorge and Leonor

ÍNDICE / TABLE OF CONTENTS

Preludio/Prelude

I. *Descenso* / **Descend**

Los signos del derrumbe	2
Signs of Collapse	3
Ruinas	4
Ruins	5
De la mera existencia	6
Of Mere Being	7
Leopardo	8
Leopard	8
Aves migratorias	10
Migratory Birds	11
Agua	12
Water	13
La mala hierba	14
The Weeds	15
Paraje de Ciudad Real	16
Site of Ciudad Real	17
Ciudades	18
Cities	19
Modelos publicitarias	20
Advertising Models	21
Sobre la ceguera	22
Concerning Blindness	23
Línea Baeza-Utiel	24
The Baeza-Utiel Line	25
Noche en el hospital	26
Night at the Hospital	27
Nacimiento en Siria	28
Birth in Syria	29
En las cavernas	30
In the Caverns	31
Mañana de domingo	32
Sunday Morning	33

II. *El signo insuficiente* / The insufficient Sign

El nadador	36
The Swimmer	37
El poema	38
The Poem	39
La senda equivocada	40
The Wrong Lane	41
Resistencia	42
Resistance	43
Y no te juzgarán	44
And You'll Not Be Judged	45
Éxito	46
Success	47
Invisible	48
Invisible	49
Metapoema	50
Metapoem	51
El dolor de verdad	52
Real Pain	53

III. Si algo queda / If Anything Remains

Sin nostalgia	56
Without Nostalgia	57
Antepasados	58
Ancestors	59
No defendí la casa de mi padre	60
I Didn't Defend My Father's House	61
Tesoros	62
Treasures	63
Paliativos	64
Palliatives	65
Quema de sarmientos	66
Vine Shoots Burning	67
J. A. G. I.	68
J. A. G. I.	69
Hija	70
Daughter	71

Ahora busco el poema de los versos de fuego   72
Now I Search for the Poem with Verses of Fire   73
Si algo queda   74
If Anything Remains   75
Encontrarás dragones   76
You Will Encounter Dragons   77
El otro   78
The Other   79

Both Antonio Rodríguez Jiménez and Jorge Rodriguez-Miralles would like to thank Alfred Corn, Susan Reilly, Jeff Johnson and Tony Leuzzi for their close reading of and suggestions for the translations that comprise this book. Their enthusiasm for the poems in both their Spanish and English versions made this dual edition possible. A great thanks, too, goes out to *Osiris Poetry Review*, *Cimarron Review* and *Asheville Poetry Review* for bringing out the first samples in their amazing magazines.

"Migratory Birds" and "Advertising Models" were published in *Osiris* (issue 80, June 2015).

"Site of Ciudad Real" and "Cities" were published in *Cimarron Review* (issue 192, Summer 2015).

"Resistance" and "Prelude" were published in *Asheville Poetry Review* (issue 28, December 2015).

"In the Caverns" was published in *Connecticut River Review* (August 2018).

PRELUDIO

Combate el mar a solas con la roca
envuelto en seda verde -él mismo cielo-
y la violenta lava duerme fría en el fondo.
A mí, que no soy luz ni piedra ni esperanza,
¿quién me refleja,
quién me deshace en polvo duradero?
Estalla el haz velado de un relámpago
en el centro del día,
y ardo con él, inútil, en el aire,
sin ambición, sin tiempo, sin constancia.

PRELUDE

Alone the sea wages war on a rock
strewn with green silk—the sky itself—
and violent lava sleeps cold at bottom.
And me, who am not light, rock, hope,
who reflects me?
who unmakes me into lasting dust?
A streak of lightning explodes
at midday,
and I burn with it, dumbstruck, in air,
without ambition, timeless, immaterial.

I.
Descenso / Descent

LOS SIGNOS DEL DERRUMBE

Sus días son azules
o negros cuando el frío entumece los miembros
o rojos si las úlceras apremian con su aullido.
El tiempo es sucesión de sensaciones plenas
y cada hora el triunfo de la supervivencia.
Ha encontrado un periódico y lo mira
indiferente, examinando el tacto
del papel. No lo irritan los últimos caciques
en avivar la fe de los esclavos.
No intentéis explicarle los signos del derrumbe.
La libertad prefiere ungir solo a unos pocos
príncipes de los márgenes.
Solo los despojados y los dueños de todo
han probado las mieles del desprecio absoluto.
Libre de indignación, como un faisán
henchido de egoísmo,
coloca los papeles en el banco y se duerme
sobre la podredumbre de este mundo.

SIGNS OF COLLAPSE

His days are blue
or black when cold numbs his limbs
or red when ulcers oppress with their howling.
Time is a succession of sensations
and each hour a triumph of survival.
He's found a newspaper and looks at it
indifferently, checking its texture.
He's not irritated by the last chieftains
trying to flag the faith of slaves.
Don't even try to explain the signs of collapse.
Freedom prefers to anoint a few
choice princes along the margins.
Only the dispossessed and the owners of everything
have tasted the honeys of absolute disdain.
Free of indignation, like a pheasant
swollen with pride, he sets the paper
down on his bench and sleeps
above the rottenness of the world.

RUINAS

Rostros inexpresivos en la puerta
del comedor. Negocios clausurados
y una tristeza extraña en los colegios.
En los parques del miedo
crece la planta de la indiferencia
y la resignación. ¿Qué te seduce
de este descenso al centro de las ruinas?
Alguien está limpiando los despojos
de la fiesta anterior, un agua turbia
se precipita por el sumidero
con lo que nunca fue,
la espuma de los mitos.
Y de nuevo la calma,
una aparente paz tras la derrota.
Mira cómo se extiende:
Es el silencio azul de la pobreza.

RUINS

Listless faces at the soup kitchen's door.
Businesses closed
and a strange sadness in schools.
In central parks,
the tree of indifference
and resignation thrives. What is it
at the core of this collapse that seizes you?
Someone's clearing away the litter
of the previous feast, a turbid water's
flowing down the drain with what never was,
the froth of myths.
And again, calm,
an apparent peace after downfall.
See how it spreads:
It is the blue silence of poverty.

DE LA MERA EXISTENCIA

Tras la violencia de la cacería,
se reagrupa en un claro la manada.
Ya viene el aire limpio del olor del peligro
y amamantan las madres a sus crías.
Pacen tranquilamente los adultos y nadie
podría imaginar que hace muy poco
eran solo pavor, galope ciego.
Atrás quedó la sangre de los miembros
menos afortunados, naturaleza muerta
alimentando el ciclo de la vida.
No hay espacio en la paz de los rumiantes
para albergar tristeza
ni para la memoria.
Esto es su tiempo: instantes sucesivos
de placidez y alarma. Es el decurso
de seres sin relato,
de la mera existencia.

OF MERE BEING

After the violence of a hunt,
a herd regroups in a clearing.
In blows the air clean of danger's stench
while heifers nurse their calves.
Let any adult pass calmly by
and none might guess that just a while ago
they were all dread and blind galloping.
Back there are the remnants
of the unlucky ones, dead nature
feeding the life cycle.
There's no room in the cud-chewer's peace
to shelter sadness
nor even memory.
This is their time: successive instances
of placidness and alarm. It's the discourse
of lives without passing reference,
of mere being.

LEOPARDO

Ni las hermosas plumas de los pájaros
ni su vuelo intachable, ni del toro
la majestad, su fuerza sin dobleces,
sino la precisión de los leopardos.
De la veloz gacela las finas patas muerden
hasta llevarla al suelo, y allí la que era gracia,
ligera sutileza, se convierte de pronto
en una piel exangüe.
Agilidad, potencia. En la dura sabana
la vida es el botín de los depredadores.
Envidia la destreza felina del leopardo.

LEOPARD

Not the exquisite feathers of birds
nor their irreproachable flight, nor the bull's
majesty, its strength without guile,
but the precision of leopards.
Biting the quick gazelle's fine feet,
they bring her down, and there, she
that was grace, swift subtlety,
becomes exsanguinated skin.
Agility, power. In the tough savannah
life is predators' plunder.
Covet the leopards' feline skill.

AVES MIGRATORIAS

*Ya regresan las aves migratorias.
Vuelven de los helados humedales del norte,
de las estepas rusas.
Pero ellas poco saben
de la estela irisada de los barcos
que blanden la amenaza.
No encontraron inhóspitas las tierras
cercadas por la muerte.
Llegan a esta península intermedia
entre África y Europa
y no verán tampoco las señales
de la degradación. Tan solo siguen
las líneas de la costa,
la masa informe de las cordilleras.
Ellas son libertad y cuando ceden
al fin ante el cansancio
nada se altera; no es de nada símbolo
su cuerpo en la caída
hacia lo mineral, con la pureza
de toda finitud.*

MIGRATORY BIRDS

The migratory birds are now returning.
They return from the icy wetlands of the north,
from the Russian steppes.
But they know little of the rainbow wakes of skiffs,
that soften what threatens them.
They did not find lands
encroached by death inhospitable.
They arrive on this peninsula
between Africa and Europe
and do not see signs of degradation.
They follow the contours of the coast,
the amorphous mass of the ridges.
These mean freedom, and when they
quit, at last, before exhaustion,
nothing changes; it's no wonder
their bodies plummeting to earth
are a symbol,
pure as finality.

AGUA

Aspira la humedad de los maizales.
Antes de la llegada del riego y las semillas
transgénicas, era un paraje agreste.
Y mucho antes fue mar, inmenso océano.
Intentan los sentidos aprehender los olores,
el despliegue cromático que avanza sobre el suelo;
pero no irán los ojos más allá
de toda esta inmediata orografía.
No mires el paisaje como un espacio inmóvil,
aferrado a tu tiempo, tan fugaz y tan breve,
que apenas deja rastro tras de sí. No pretendas
saborear la lluvia en una única gota,
comprender la tormenta oyendo los embates
del viento en la ventana.
Olvídate del sueño de un orden perdurable,
afán de permanencia. Tú eres agua
que fluye y se detiene. Eres la gota
que se desliza sobre los contornos
cambiantes de la piedra y que no sufre,
por más que la atraviese la luz y la abandone
en la piedad sin fin de la ignorancia.

WATER

Inhale the cornfield's humidity.
Before sowing time and transgenic seeds,
it was wild place.
And much before, it was a sea, immense ocean.
The senses try to comprehend odors,
the chromatic unraveling sweeping over the ground,
but eyes go no further
than this immediate terrain.
Don't look at the landscape as inert space,
fixed to your time, so fugitive and brief,
it barely leaves a trace. Don't pretend
to savor the rain in a drop,
to understand a storm hearing
its blows on the windows.
Forget the dream of lasting order,
the desire for permanence. You are water
that flows and stops. You are the drop
set loose over the changing contours
of stone, that suffers nothing,
no matter how much light pierces or abandons it
in the endless piety of ignorance.

LA MALA HIERBA

Te acabará mordiendo la serpiente
que no llegó a morir mientras estuvo
a merced de tus plantas indecisas.
El cuervo que te hablaba en el poema
te arrancaría la piel en el momento
en que no respirases,
antes de que cubrieran las ortigas
el lugar de tu cuerpo
y su raíz robase toda el agua
que fue belleza en ti, que fue latido.

Nada respetará tu preeminencia;
ni la maleza ni las alimañas
conocen un dominio distinto al de su impulso.
Ahora que estás en pie, que aún te debes
a la lucha constante por la vida,
recoge el grano, el agua, busca abrigo,
porque el invierno acaba con los débiles.
Un día descansarás, cesará todo;
pero entretanto no vaciles nunca.
Mata la mala hierba,
córtale la cabeza a la serpiente.

THE WEEDS

You'll wind up bitten by the snake
that survived at the mercy of your fickle crops.
The raven that spoke to you from a poem
would rip your flesh off
the second you stopped breathing,
before the nettle took back your body's space
and its root reclaimed
all the water that was beauty in you, a pulse.

Nothing will respect your preeminence,
neither evil, nor vermin comprehend
a domain different from their impulse.
Now that you're upright, that you ought
to keep fighting on the side of life,
go gather grain, water, a sweater,
since winter lays waste the weak.
One day you'll rest, all will cease,
but don't celebrate in the meanwhile.
Cut back the weeds,
cut off the snake's head.

PARAJE DE CIUDAD REAL

*Mira los tallos secos de los cardos,
las espinas que apuntan hacia quién,
hacia dónde,
la dureza solar de su flor muerta.
Una lengua de asfalto cuarteada se extiende
buscando un río distante
o imposible. Las nubes
ignoran la llamada
de la torre sin nadie, contra el viento.
Se diría que nunca dejaron las cigarras
de vibrar en la hierba, que los pájaros
no temieron jamás que se quebrara
este cielo vacío.
Ignora la hojarasca las letras en desorden
que alguna vez formaron la palabra* aeropuerto.

SITE OF CIUDAD REAL

Look at the dry stems of the thistle,
the thorns turned toward whoever,
wherever,
the solar firmness of its dead flower.
A squared off tongue of asphalt stretches
out in search of a distant
or impossible river. The clouds
ignore the call of the deserted tower,
against the wind.
It will be said the cicadas
never stopped vibrating in the grass,
birds never feared
the empty sky might shatter.
Dried up leaves ignore the scrambled letters
that spelled out airport in a former time.

CIUDADES

Paseo de Recoletos, junto al Prado.
Autobuses de techo descubierto,
cámaras que dispersan la vista del viajero.
Subidas y bajadas en las bocas
del subterráneo. Tanta multitud
forma un conjunto ajeno a la belleza
diseminada, a todo ese mensaje
que late en el trazado,
a las propuestas de la arquitectura.
Ahí están los espacios
de una ficción apenas contenida
en la estrecha pantalla del lenguaje.
¿Perseguirán indicios estos rostros
apresurados?
¿Serán conscientes de su pertenencia
a la unidad, a un todo definido
por tanta construcción?
¿Qué ciudad ven los ojos que la miran?
¿Qué leen en las aristas de la piedra,
en las huellas del tiempo?
¿Serán marcas fiables de un camino
o una señal lanzada para nadie?

CITIES

Paseo de Recoletos, beside the Prado.
Open-aired buses,
cameras crowding each visitor's gaze.
Ascents and descents inside the mouth
of the subway. A multitude like this
forms a group foreign
to such widespread beauty,
to the whole message pulsing in the design,
the propositions in the architecture.
Therein lay the scenes of a fiction
barely held within the screen of language.
Will these anxious faces search for maps?
Are they conscious of their need for unity,
a whole defined by so much construction?
What city is it seen by these eyes that see it?
What do they read in the edges of rocks,
the footprints of time?
Are these trustworthy signs of a path
or signals sent out to no one?

MODELOS PUBLICITARIAS

*Sonriéndole al tráfico desde las marquesinas,
felices, detenidas en la luz de un instante,
más allá de esta ropa,
venden una ilusión, venden deseo,
la placidez de un mundo diseñado a medida
como sus propios cuerpos de fingida belleza.
Alguien miró las formas con contorno y volumen
y las hizo sonrisa, icono frágil.
Sonríen a las pieles diversas de la calle,
al autobús repleto, a las manos custridas.
Sonríen a la lluvia y a las prendas sintéticas,
a los tintes nocivos del calzado barato.
Sonríen a la falsa libertad de la gente.*

ADVERTISING MODELS

Smiling at traffic from bus shelters,
mirthful, held in a moment's gleam,
far beyond these clothes,
they sell an illusion, a desire,
the serenity of a world made to measure
like their bodies of beauty, feigned.
Someone envisioned these images
full of contour and volume
and made them a smile, a fragile icon.
They smile on the many complexions of the street,
the packed bus, at riven hands.
They smile on rain and synthetic jewelry,
on the noxious tints of cheap shoes.
They smile at the people's faux liberty.

SOBRE LA CEGUERA

*No se verá culpable de castigo o de muerte
el robusto caballo de picar que en la plaza
sobrelleva el peligro con los ojos tapados.
Doblegará su miedo bajo golpes de vara
gracias a su ceguera, pero nunca
pensará en que su fuerza también abre la herida.
Aunque huela la sangre y oiga mugir al toro,
no se creerá culpable de dolor ni de muerte.*

*Pudo ser la montura de míticos jinetes,
azote de la hierba, envidia de los vientos,
o un esclavo abnegado tirando de la noria;
pero quiso el azar hacerlo cómplice,
sometido, inconsciente, pero cómplice
de la crueldad. Pobre caballo ciego,
que no sabe si tanto empuje inútil
será solo temor, solo violencia;
o la vida, sin más, vida zafándose
de la dominación, del cautiverio.*

CONCERNING BLINDNESS

It will not seem guilty of punishment or death,
the robust cutting horse that bears out danger
with shielded eyes in the plaza. It will subdue its fear
under rod blows thanks to its blindness,
but will never know its strength, too, opens the wound.
Though it smell blood or hear the bull's bellow,
it will not think itself guilty of pain or death.

It might have been the mount of mythical horsemen,
scourge of the grass, envy of the winds,
an abnegated slave pulling at a waterwheel,
but chance wished to turn it a better,
subjected, unconscious, an accomplice of cruelty.
Poor blind horse that cannot know
if such useless pushing will be only fear, only violence
or life without more of these,
life breaking free from domination, from captivity.

LÍNEA BAEZA-UTIEL

Desde el Guadalquivir hasta la gris Europa
del norte, fabril y turbulenta,
atravesando páramos y valles, la esperanza
de aquel ferrocarril, el sueño breve
de modestas fortunas, del tesón provinciano.
El camino más corto a la prosperidad,
la impronta del progreso.

Aún resisten los puentes, las bocas de los túneles;
aún se ofrecen al sol las estaciones
del color de la tierra.
¿Recordarán los montes el estruendo
de cada voladura,
la tediosa cadencia de los picos
o las vidas perdidas, disueltas en el tiempo?
El tiempo, que transcurre sobre muros de adobe,
sobre pobres techumbres de tejas o de amianto,
sobre generaciones de espaldas a este cauce
inútil y vacío.
No conocen la historia
de este rastro de piedras sin raíles,
de naves solitarias refugio del ganado.

Cuando vieron el tren para marcharse,
siempre sobre otro suelo,
aceptaron sin más la circunstancia
de esta línea dormida
del porvenir.
Un episodio más del triste canto
de lo que pudo ser, de todo lo perdido.

THE BAEZA-UTIEL LINE

From the Guadalquivir to the gray Europe
of the north, industrial and turbulent,
crossing cliffs and valleys, the hope
of that railway, the brief dream
of modest fortunes, of provincial tenacity.
The shortest route to prosperity,
the mark of progress.
Even now the bridges resist, as do the mouths
of the tunnels; even now the earth-colored
stations offer themselves to the sun.
Will the hills recall the roar
of each blast, the tedious cadence
of the picks or the lives lost,
dissolved in time? Time
that passes over adobe walls,
over poor roofs made of tiles or asbestos,
over generations of backs on this riverbed,
pointless and empty.
They don't know the history
of this trail of rail-less rocks,
of solitary naves, refuge of cattle.
When they saw the train of departure,
always over another ground,
they accepted, not needing more,
the circumstance of this sleepy line
of the future. One more verse
of the sad song of what might've been,
of all that was lost.

NOCHE EN EL HOSPITAL

Noche en el hospital. Fuera, el invierno.
Luces de los suburbios, desordenadas, tenues.
Sé en qué lado está el Sol. ¿Quién lo diría
entre esta oscuridad impenetrable?
Aúllan las sirenas
envolviendo la angustia en alas amarillas.
Y sé dónde está el Sol, aunque ahora mismo
la distancia parezca
real, definitiva.

NIGHT AT THE HOSPITAL

Night at the hospital. Outside, winter.
Lights from the suburbs, uneven, tenuous.
I know where the sun is. Who would
say it inside this impenetrable darkness?
The sirens howl,
enfolding anguish in yellow wings.
And I know where the sun is,
although the distance
may now seem real, definite.

NACIMIENTO EN SIRIA

Canta la buena nueva. Ya ha nacido.
Sin señales, sin esperar siquiera
la alineación propicia de los astros
ni el rumbo de su estrella. Sin que el poder
lo tema, ya ha nacido,
en la antigua ciudad de Emesa,
el esperado, el hijo
de mujer, que entre escombros
derramará su sangre sin que a nadie
le importe. Ya ha nacido
entre miseria y miedo, entre jirones
de civilización. Ahora cantemos
sus alabanzas, fruto de la vida
que será cercenada inútilmente,
una vez más, en medio del silencio
sepulcral de la Historia.

BIRTH IN SYRIA

Sing the good news. He's been born.
Without signs, without even waiting
for the most auspicious celestial alignment,
nor the course of his star. Without fear
of the powers that be, he was born
in the ancient city of Emesa,
the awaited, the son
of woman, who will bleed amidst rubble
without anyone's caring. He's been born
amidst misery and fear, within
the tatters of civilization. Now let us sing
his praises, fruit of the life
to be severed pointlessly once more
smack in the middle
of history's tomb-like silence.

EN LAS CAVERNAS

En Camerún están matando a un hombre
por declararse a otro en un mensaje.
Escribiría je t'aime o unas pocas palabras
en su lengua materna. Solo para que el resto
del mundo se enterara
de que a pesar de hallarse en el lugar erróneo
había elegido amar, vivir sin miedo.
Y ahora lo están matando.
El odio es el refugio de los desamparados,
y en las estrechas celdas de la fe y la barbarie
amar alarma siempre mucho más que un cadáver.

IN THE CAVERNS

In Cameroon they're killing a man
for declaring his love to another via text.
He'd write a je t'aime or a few choice words
in his own native tongue. He'd do it only
that the rest of the world might learn
that even though he was in the wrong place,
he'd chosen to love, to live fearlessly.
And so now they're killing him.
Hate is the refuge of the destitute,
and in the narrow straits of faith and barbarism
to love shocks many times more than does a corpse.

MAÑANA DE DOMINGO

*Cuando no quedan niños en la plaza,
lo sientan con cuidado en el columpio
para que solo envidie el vuelo de los pájaros,
para que sea su risa canción de la mañana.*

Mañana de domingo.

*El niño de la silla, inmóvil, sonriente;
la mujer encorvada que busca en la basura
y el sol imperturbable lamiendo los cristales
de la digna miseria. Perro mundo.*

SUNDAY MORNING

When not a child is left in the plaza,
they sit him cautiously on the swing
so he'll only envy the flight of birds,
so his smile might be a morning song.
Sunday morning.
Boy of the chair, immobile, smiling;
the hunchbacked woman picking through the trash
and the unwearied sun licking the windowpanes
of dignified misery. Life's a bitch.

II.

El signo insuficiente / The Insufficient Sign

EL NADADOR

*Soy como el nadador que empieza a hundirse
y aún puede ver la luz, la luz en torno
penetrando las aguas que se cierran.
¿Y para qué este aire?
¿Para un último grito ya imposible?
Inalcanzable luz, palabra muda,
palabra ahogada, muerta en el silencio.*

*La gravedad lo arrastra lentamente
hacia el fondo vacío, hasta la página
en blanco; y se sumerge
para siempre vencido, para siempre
incompleto, despacio, muy despacio,
como si no estuviera tan lejos de alcanzarla:
la claridad al fin, la transparencia.*

THE SWIMMER

I'm like the swimmer who starts to sink
but can still see the light, the light that, in turn,
penetrates the waters closing in.
And for what is this final breath?
For a scream toward the impossible?
Unreachable light, mute word,
drowned word, dead in the silence.
Gravity drags him slowly
toward the empty bottom, down
to the blank page; and he sinks
toward the always conquered, always
incomplete, slowly, very slowly,
as if he weren't too far to grasp it:
that final clarity, transparency.

EL POEMA

y todavía no has escrito el poema.
Jorge Luis Borges, "Mateo, XXV, 30"

Mejor no haberlo escrito,
que nadie me haya dado el nombre de las cosas;
regresar a la página
con la ilusión de lo que no está dicho,
de aquello que será
creado, nuevo.

Sueño con un mensaje que transcienda los límites
y sea futura luz, reflejo cierto
para quienes esperan.
Confío en la palabra como si nunca antes
me hubiera defraudado,
como si nunca antes hubiese reducido
a insípida corteza
todo el sabor del mundo.
Celebro no haber nunca
atrapado una idea
con esta red de signos, con la liga gastada
de los pasos comunes.

Es cierto que quisiera
ser como el primer hombre
y nombrar a las fieras, los frutos, los lugares,
las señales del tiempo sobre la piel tan frágil;
aspirar el aroma inicial del fracaso,
de este dulce, del único,
del natural fracaso.

THE POEM

and you've still not written the poem
***Jorge Luis Borges**, "Matthew, XXV, 30"*

Better not to have written it,
that no one had given me the name for things;
to return to the page
with the illusion of what hasn't been said,
of what will be
created, new.
Dream with a message that'll transcend limits
and become future light, true reflections
for those who wait.
I trust in the word
as if it had never defrauded me,
as if it had never reduced
the world's flavor to a tasteless peel.
I celebrate never having ensnared
an idea with this net of signs,
this worn down band
of ordinary ways.
It is true I'd like to be
like the first man
and name the beasts, the fruit, places,
the signs of time over such delicate skin;
to breathe in the initial scent of disaster,
of this sweet, unique,
natural disaster.

LA SENDA EQUIVOCADA

Elegiste la senda equivocada:
la claridad, el íntimo y secreto
latido de las cosas; el inquieto
fluir del tiempo en esa paz dorada

de los libros; la escéptica mirada
de la curiosidad, junto al respeto
por los moldes del ritmo, el triste reto
de unos versos que apenas dicen nada,

nada iluminan, nada en la radiante
curva de la mañana te esclarecen
de ese mayor misterio que es la vida,

con otro ritmo propio, tan distante
de estas torpes palabras que merecen
el olvido y su justa acometida.

THE WRONG LANE

You chose the wrong lane:
clarity, the intimate and secret
pulse of things; the restless
flow of time in that golden peace
of books; the skeptical glance
of curiosity, joined to a respect
for the patterns of rhythm, the sad task
of some verses saying almost nothing,
illuminating nothing; in the radiant curve
of the morning, clarifying nothing
about the vast mystery life is,
with it own rhythm, so remote
from these lazy words
deserving oblivion's just assault.

RESISTENCIA

Como el pez que ha mordido ya el anzuelo
y no quiere entregarse,
y colea con fuerza y tira y nada
con más brío que nunca
y sigue fuera
hasta quedar inmóvil
bajo el cielo más crudo;
así el poema
se resiste en la página,
sube y baja en la barra del procesador,
deshaciéndose, haciéndose
de nuevo,
dilatando el momento de ser tinta
quieta sobre el papel, aprisionada
en el olvido de las bibliotecas.

RESISTANCE

Like a fish that has bitten down on a hook
and wont give in,
that thrashes its tail with force, leaping,
swimming with more luster than ever
and remains outside till inert
under a sky most crude,
like that, the poem struggles on the page,
up and down the computer screen,
unmaking and making itself newly,
stalling against the moment
that'll make it passive ink
imprisoned in the oblivion of libraries.

Y NO TE JUZGARÁN

*Se apagará el sonido de tu voz algún día
y no te juzgarán.*

*Como las hojas,
culminarás el corto trayecto hasta la tierra
y no te juzgarán.*

*Nadie querrá pararse
a seguir con la vista esa estela en el río
que una vez fuiste tú.*

*Irán tus datos
vagando entre los hilos de la red, invisibles,
porque entonces a nadie le importará ya nada
si fuiste honesto, si hubo algún atisbo
de bondad en tus actos.*

*Toda esta culpa, el albañal oscuro
de tus temores no tendrán sentido, porque todo
-destello y sombra- habrá sido igualado
en la oquedad, uniéndose al vacío.*

*Nada hablará por ti cuando tú pases
sino tus actos. La única condena
ha de ser tu verdad, íntima y muda.*

*Se detendrá el impulso de la breve materia,
libre de premio, libre de castigo,
y no te juzgarán.*

AND YOU'LL NOT BE JUDGED

The sound of your voice will die out one day
and you'll not be judged.
Like the leaves,
you'll end with a brief fall to the earth
and you'll not be judged.
No one will want to stand
and follow with their gaze that sail
along the river, which was once you.
Your statistics will go coasting
through strands in the net, invisibly,
because no one will care if you were honest,
if there was a hint of generosity in your actions.
All this blame, the dark
of your fears will turn pointless,
because all—sparkle and shadow—will have
equaled out in the vacuum, fusing with oblivion.
Nothing will speak for you when you are gone
but your actions. The only sentence
should be your truth, intimate and mute.
The impulse of brief matter
will be stalled, free of reward, free of penalty,
and you'll not be judged.

ÉXITO

*Ahora eres una efímera promesa.
En Facebook resplandece tu mirada,
con Nueva York de fondo y un poema
sexual y vigoroso que enamora
a las hipnotizadas internautas.
La suerte te sonríe a cada paso;
hay lecturas y fiestas que terminan
de madrugada en camas diferentes.
A tu lado se tienden las metáforas
como animales dóciles; te buscan
vacías y brillantes, cegadoras,
con la banalidad de sus imágenes.
Siempre hay una canción que te acompaña,
junto a ese look casual y descuidado;
y las palabras flotan en el aire
de los bares marcando tu aureola.
Encantador y hermoso te sumerges,
te entregas a la alegre inconsistencia.
La marca de ginebra que ahora bebes
sabe a éxito y tiene los aromas
de la felicidad. Es tu momento
y en él no caben otras distracciones:
las tenaces preguntas de la vida,
la amenaza terrible de la nada.*

SUCCESS

You're now an ephemeral promise.
On Facebook, your gaze sparkles
with New York as backdrop, plus
a vigorous, sexual poem that seduces
hypnotized surfers of the net.
Fortune smiles on your every step;
there are lectures and feasts
ending at dawn upon different beds.
Metaphors lay at your side like docile animals;
they search you out, empty and brilliant,
blindingly, with the banality of their images.
There's always a song with you,
next to that look, casual and unkempt,
and words float in the air of bars
to spotlight your aura. Handsome
and charming, you dive in, giving
yourself over to glad inconsistency.
The brand of gin you drink tastes of success
and embodies the aromas of joy. It is your moment
and in it other distractions just don't fit:
the tenacious questions of life,
the horrific threat of oblivion.

INVISIBLE

*Llevo días oculto entre estos muros
esperando que vengan a buscarme.
No sé cuántos serán ni cuánto tiempo
tendré hasta que me encuentren.
Mientras tanto,
tecleo este poema que puede ser el último
y que no leerá nadie.*

*Sé que es un acto inútil,
pero sigo escribiendo
para llenar el aire de una casa
a la que nadie llega,
en la que no aparecen señales de peligro.*

*Quizá no vengan nunca.
Tal vez, todo este tiempo
haya sido invisible.*

INVISIBLE

I've been hiding for days between these walls
waiting to be picked up.
I don't how many they'll be or how much time's left
until they find me.
In the meanwhile,
I type this perhaps last poem
no one will read.
I know it is pointless,
but I keep writing
to fill the air of a house
no one comes to,
in which there are no signs of danger.
Perhaps they'll never come.
Perhaps all this time
I've been invisible.

METAPOEMA

Mis últimos poemas hablan sobre el lenguaje,
sobre la transcendencia del signo y los intentos
de crear realidades intangibles
mediante la belleza.
Escribo mientras silban las balas en las calles
de Kiev y de Caracas.
Un grupo de personas intenta protegerse
de una lluvia de fuego.
Los he visto caer, uno a uno, abatidos
como las piezas de una cacería.
Los he visto caer y desangrarse sobre los adoquines
en muy pocos segundos.
Los he visto morir.
Alguien pudo grabar el horror en un móvil
para que yo lo viese.
Yo, que he estado escribiendo
sobre la validez de la memoria
y la naturaleza de las pérdidas.
Yo, que estoy preguntándome
cómo sigue el poema,
cómo sigue la vida.

METAPOEM

My final poems speak of language,
of the sign's transcendence
and attempts to create intangible realities
by way of beauty.
I write as bullets whistle in the streets
of Kiev and Caracas.
A group of people tries
to protect itself from a rain of fire.
I've watched them fall, one by one, depressed
like the targets of a hunt.
I've watched them fall and bleed out
over the cobblestones in seconds.
I've watched them die.
Someone could've recorded the horror
via cell so I could watch it.
I, who have been writing
on the validity of memory
and naturalness of losses.
I, who am asking myself,
how is the poem doing,
how is life doing.

EL DOLOR DE VERDAD

Definir la tristeza.
Escribir las palabras dolor, angustia, duelo,
incluso en varias lenguas.
Y todo sería en vano.
El dolor de verdad no tiene nombre.

REAL PAIN

To define sorrow.
To write the words pain, anguish, mourning,
including in other languages.
And all would prove vain.
Real pain is nameless.

III.

Si algo queda / If Anything Remains

SIN NOSTALGIA

Se acaba otro día único.
Huye como un jilguero descubierto en la rama
y lo hace sin nostalgia,
sin dolor por entrar en la penumbra
envuelto en oro cárdeno.

No importa que se marche,
que se esfumen las horas vacías de esperanza
que no recordaremos. Solamente
la plenitud que brilla ante nosotros
nos deja su verdad, el bien escaso
que no es materia o voz, memoria, nada,
pero que habita en ti, que en ti compone
un breve acontecer.

Se escapa el día
hacia la oscuridad, sin pesadumbre.
Despidámoslo así, con la impaciencia
de ese otro tiempo cierto
que no termina nunca y que contiene
solo lo transparente, la pureza
de cuanto es bello y arde
entre la inmensidad, contra el vacío.

WITHOUT NOSTALGIA

Another unique day is done.
Like a goldfinch exposed on a branch, it flees,
and without nostalgia, without a pain
that it must enter semidarkness
wrapped about in purple-gold.
No matter that it goes,
that the hours of empty hope
we will not remember vanish.
Only the fullness that shines before us
leaves us its truth, the scarce resource
in you that isn't material, voice, memory, nothing,
but resides in you, through you
creates some brief occurrence.
Day flees toward darkness
without grief. Let us bid it farewell
like this, with the impatience
of that certain, never-ending time
that contains only the transparent, the purity
of all that is beautiful and ablaze
within immensity, against the void.

ANTEPASADOS

No coincidimos nunca en la línea del tiempo.
Sin embargo, os conozco.
Habéis estado siempre en el centro de tantos
relatos de mi infancia que ahora
resulta ya imposible discernir dónde acaba
la ficción y comienza de verdad vuestra historia.
Siempre habéis sido míos, desde el día
en que el recuerdo ajeno quiso que pervivieseis,
preservaros del polvo y la temible nada
para seguir en mí, que vuestra sombra
se proyectase aún en las paredes
de una casa futura.
¿Para qué tanto empeño?
¿Por qué invertir el curso natural de la vida
en pos de la memoria?
Si habéis llegado aquí, si yo os describo
con la misma licencia con la que os recrearon,
será porque supisteis dejar, humildemente,
vuestro rastro de amor sobre la tierra.

ANCESTORS

We never coincided on a timeline.
Still, I know you.
You were so central in the stories
of my infancy, it becomes almost impossible to discern
where fiction ends and the truth of your history begins.
You were always mine, from the day
another's memory wished you'd survive
preserved from dust and fearful nothing
to endure in me, that your shadow
might still be cast upon the walls
of a future house.
Why so much resolve?
Why invest the natural course of life
in the pursuit of memory?
Had you arrived here, if I described you
with the very same license with which you leisured,
perhaps it is because you knew how to leave,
humbly, the vestige of your love across the Earth.

NO DEFENDÍ LA CASA DE MI PADRE

Defenderé
la casa de mi padre.
Contra los lobos,
contra la sequía,
contra la usura,
contra la justicia,
defenderé
la casa
de mi padre.

Gabriel Aresti

No defendí la casa de mi padre.
Frente a la usura, frente a la Justicia
me doblegué. Hui. Cerré la puerta
sin mirar hacia atrás. Tal vez buscara
otro suelo, distintos materiales
con los que levantar un techo propio.

No me fue concedido mantener el recuerdo
de quien me amó,
no quise nunca nada
con el convencimiento necesario
ni nada poseeré.
Días que pasan,
inaprensible luz jamás impresa
sobre el cristal.

Hui para entregarme
a la deriva de este mar extraño
de débil libertad, polvo que flota
sin color, sin motivo.

No defendí la casa de mi padre
y aún sigue en pie,
ingenua, amenazante,
igual que una osamenta de ballena varada
revelándole al aire los secretos
de la debilidad.

I DIDN'T DEFEND MY FATHER'S HOUSE

I will defend
my father's house.
Against wolves,
against drought,
against usury,
against police,
I will defend
my father's house.
Gabriel Aresti

I didn't defend my father's house.
Before usury, before injustice,
I folded. Fled. Closed the door,
not looking back. Perhaps it'll search
for new ground, different materials
with which to lift its own roof.
It wasn't allowed me to preserve
the memory of those who've loved me.
I never wanted a thing
with the needed conviction
nor will I possess anything.
Days pass by,
elusive light never leaving its print
on the window pane.
I fled to give myself over
to the drift of this strange sea
of weak freedom, dust that floats
without color, without reason.
I didn't defend my father's house
and it's still upright,
ingenious, threatening,
like the skeleton of a stranded whale
revealing the secrets of weakness to the air.

TESOROS

No se estanca el dolor en nuestro suelo,
sino que pasa, lento, pero pasa
llevándose sus aguas insalubres.
Gracias a un misterioso afán de pervivencia
la memoria desecha los instantes baldíos
y acumula recuerdos indelebles
con su color, su olor, con su belleza.
No arrastra este caudal, pese a su empuje,
las piedras más preciadas del mapa de tu vida.

El primer animal y su piel suave
latiendo entre los brazos;
el beso de mi madre y su sonrisa
al salir del colegio;
los nombres, las batallas y el horror de una guerra
en la voz del abuelo;
las torres repetidas en el agua del río
de una ciudad dorada;
una tumba en Colliure, una bandera
tricolor y la flor de los vencidos;
el poema de Borges;
el momento de unión entre dos sangres
para formar la tuya, aliento de mis días...

Perduran como el brillo de una estrella apagada
tantos tesoros entre tanto olvido.

TREASURES

Pain does not pool on our soil,
but passes, slowly, passes,
taking away its insalubrious waters.
Thanks to the mysterious eagerness of survival,
memory rids itself of barren moments
and collects indelible memories
with their color, their odor, their beauty.
This flow doesn't drag off, fish in its push,
the most prized stones of your life's map.
The first animal and its soft skin
pulsing between arms;
my mother's kiss and her smile
as I left school;
names, battles and the horror of war
in my grandfather's voice;
the towers of a golden city doubled
by the river's water;
the tomb in Collioure, a tri-colored flag
and the flower of the vanquished;
Borges' poem;
the moment two bloods merge
to form yours, breath of my days...
These endure like the brightness of a star gone out,
so many treasures among so much forgetfulness.

PALIATIVOS

Inmerso ya en las aguas del olvido,
amarrado a esta orilla
por una fina sonda, sin el junco
sin hojas que Virgilio ciñese a la cintura
de Dante, la ladera
se ofrece enmarañada de tubos y de agujas.
No son los siete círculos
de los siete pecados.
Nada se purga aquí; solo se espera
a que parta la barca con la imagen
vacía que el poeta quiso abrazar y supo
que apretaba sus brazos contra el pecho.
Y poco queda ya, salvo el ascenso
sin tregua hacia la nada,
y esta indefinición, este silencio
puro. Subid, cuerpos en pena,
libres ya del dolor, libres de todo.
¿Quién os retiene aún entre los vivos
sino el recuerdo de los que os amaron?
Que cese el sufrimiento. Sed memoria,
silueta de luz en otras vidas
breves también. Salvad la decadencia
de este final.
Tocasteis la hermosura,
la palabra que fue y que sigue viva
en el vuelo fugaz de la materia.

PALLIATIVES

Immersed in the waters of forgetfulness,
tied to this ledge
by a fine line, no reeds,
no leaves Virgil might wrap
around Dante's waist, the slope
offers itself, a tangle of tubes and needles.
These aren't the seven ledges
of the seven sins.
Nothing is purged here; one simply waits
for the ferry carrying the immaterial body
the poet wished to embrace
only to feel his own arms close empty on his chest.
Little remains now, save the restless
ascent toward nothing,
and this indefiniteness, this pure silence.
Ascend, bodies in shame,
already free of pain, free of everything.
Who holds you still to the living,
if not the memory of those you've loved?
Quit this suffering. Thirst of memory,
silhouette of light in other
brief lives too. Save
the decadence of this end.
You touched beauty,
the word that was and remains alive
in the break-free flight of matter.

QUEMA DE SARMIENTOS

*Dispersas luminarias en la mañana húmeda
como sencillas piras sin ofrenda.
Ningún dios se solaza con el humo.
No hay expiación, no hay víctima o plegaria.
Solo arde con viveza lo que tiene que arder;
se transforma lo inútil en ceniza
bajo la fuerza hipnótica del fuego.
Los pámpanos sin savia, separados del tronco,
seguirán en la vid, de otra manera.
Y así tiene que ser: la rama seca
precipitándose a su nuevo estado,
inevitablemente, sin lamento.*

VINE SHOOTS BURNING

Scattered lights in the wet morning
like simple pyres without offerings.
No god is making merry in the smoke.
No expiation, no victim or prayer.
Only the vivid burning of what must burn;
the useless transformed to ashes
under the hypnotic force of flames.
Sapless vine-shoots, snapped from the trunk,
will remain on the vine some other way.
So it must be: the dry branch
raining down to its new state,
unavoidably, with no cry of lament.

J. A. G. I.

Del lado del amor duerme tu cuerpo,
defendiendo la casa de los pájaros
siempre encima de un río. La inteligencia quiso
tocarte con sus manos, adornarte la frente
con el verdor de la palabra exacta.
La majestad consiste en saber apartarse
de las cosas superfluas, en recorrer descalzo
los peldaños humildes hacia el conocimiento.
Un canto a la hermosura es cada verso tuyo.
En ti cobran los príncipes su dimensión más plena,
una vez limpio el nombre de la escoria del tiempo.
En ti cobran conciencia de ser maravillosos
todos los incontables dispersos por el mundo.
Te saludan los granos sencillos de la arena
porque les diste voz, y te agradecen
la dignidad del héroe los esclavos.
Único entre los pocos, te esperan los antiguos
poetas en su casa para brindar contigo.
Minucioso escultor de la materia
cálida del lenguaje, como la de tu cuerpo,
el que nos presentaste con el ritmo más libre,
el que duerme del lado del que duermen los justos.

J. A. G. I.

Your body sleeps on love's side,
defending the home of birds
always above a river. Intelligence wished
to touch you with its hands,
to adorn your brow with the verdure
of the precise word. Majesty consists
in knowing how to part with superfluous things,
in crossing barefoot the humble steps of a stairway
toward knowledge. Each verse of yours
is a song for beauty. In you princes acquire
their most plain dimension,
once the name's cleared of time's scum.
In you they acquire an understanding
of all the marvelous ones scattered across the earth.
The simple grains of sand greet you
because you gave your voice,
and slaves are grateful for your hero's dignity.
Unique among the few, the ancient poets
wait at home to raise a toast with you.
Meticulous sculptor of language's materiality,
like your own body, the one you showed us
with the freest rhythm, the one that sleeps
on the side the just sleep in.

HIJA

Gracias a ti, el mundo es más amable.
Tú, que no sabes nada todavía,
que casi siempre duermes.
Tú, que aún estás a tiempo
de no hundirte en el barro,
de plegarte a las justas leyes del equilibrio,
como si ahora todo resurgiera
libre de los errores del resto de la especie.
Tú puedes albergar, en ti es posible
la construcción, la frágil esperanza.
Pureza no tocada,
instante inmaculado del comienzo,
qué rebeldía opone tu reposo
a la amarga lección de la experiencia.

DAUGHTER

Thanks to you the world is friendlier.
You, who know so little yet,
who almost always sleep.
You, who are close enough still
to not sink into clay, to pledge yourself
to the just laws of equilibrium,
as if now everything resurfaced
free of the errors of the rest of the species.
You can contain, in you building
is still possible, the fragile hope.
Purity untouched,
immaculate instant of beginning,
what a rebellion your sleeping wages
on experience's bitter lesson.

AHORA BUSCO EL POEMA
DE LOS VERSOS DE FUEGO

Tuve ante mí los libros más hermosos.
Se quedaron temblando en la memoria
con la emoción de todo lo que intenta
permanecer, herirnos para siempre.
Aplaudí la ingeniosa irreverencia,
los hallazgos brillantes del acróbata
que se burla de todo,
y ahora busco el poema de los versos de fuego.
Hubo también mensajes descarnados
que brindaban refugio en la intemperie,
la voz universal de los que nunca
dicen nada;
admiré los felices despropósitos
que el tiempo convirtió en renovadores
moldes de la elocuencia,
y ahora busco el poema de los versos de fuego.
He conocido el éxito en las obras de otros,
los intentos vacíos y las tretas
hábiles del lenguaje.
Y ahora que -más que nunca- cabalgamos
escuchando el ladrido de los perros
y nos cerca el olor de la derrota,
ahora busco el poema de los versos de fuego.

NOW I SEARCH FOR THE POEM
WITH VERSES OF FIRE

I had the most beautiful books before me.
They remained trembling in memory
with the excitement of all that intends
to endure, wounding us forever.
I applauded the ingenious irreverence,
the brilliant findings of the acrobat
who laughs at everything,
and now I search for the poem with verses of fire.
There were grim messages, too,
that offered refuge out in the open,
the universal voice of those
who never say a thing.
I admired the happy nonsense
time transformed into renovating
molds of eloquence,
and now I search for the poem with verses of fire.
I have known the success in the works of others,
the vain attempts and the clever tricks
of language.
And now that—more than ever—we ride out,
hearing the barking of dogs,
and the smell of defeat draws near,
now I search for the poem with verses of fire.

SI ALGO QUEDA

Fotografías, cartas, artificios
que resisten al tiempo,
¿son acaso tu vida?
¿Eres lo que otros ven, los personajes
que interpretas al son de la costumbre?
No es la memoria lo que te define,
ni los diversos trances de dolor o alegría.
Tampoco estas palabras.
Si algo queda debajo de la piel que envejece,
no serán tus recuerdos,
la incesante noticia del naufragio.
Los días asentados en la falsa inocencia,
la cotidiana culpa que aprende a diluirse,
no te distinguirán.
Si algo perdura
debajo de las máscaras y del débil tejido
será tu convicción.

IF ANYTHING REMAINS

Photographs, letters,
artifices that resist time,
are these your life?
Are you what others see,
the characters you play to the tune of habit?
Memory doesn't define,
nor do the various junctures of pain or joy.
Nor do these words.
If anything remains underneath this aging skin,
it won't be your memories,
the incessant rumors of collapse.
Days established in false innocence,
the daily guilt that learns to dissolve,
these won't grant you distinction.
If anything remains
underneath the masks and fragile tissue,
it'll be your conviction.

ENCONTRARÁS DRAGONES
(Para Vega)

Despertarás muy pronto al llanto y a la risa,
a los primeros golpes, y más tarde
estallará en tu boca el don de las palabras
como el jugo agridulce de la fruta mordida.
Te invadirá el asombro, tuyo ya para siempre,
ante el enorme lienzo de este mundo esperándote.
Aquí tienes el cuerpo que nació de nosotros,
del amor y la sangre,
y en él te guardaremos como al cristal más frágil.

Pero, a pesar de todo, encontrarás dragones.
Será el regalo amargo que habrás de abrir tú sola.
Aún es pronto y descansas dentro del vientre líquido,
pero tarde o temprano, encontrarás dragones.
Aunque, antes, mucho antes, perseguirás palomas,
el perro cariñoso te lamerá la cara
y querrás ser sirena y nadar con los delfines.

Pero la vida tiene lugares más funestos,
y en sus aguas violentas encontrarás dragones.
Entonces ten en cuenta cómo fuiste engendrada,
cómo entre los primeros temblores de tus células
ya habitaba el amor. Nunca lo olvides.
Recuérdalo, hija mía, cuando encuentres dragones.
Y será tu coraje distinto de los otros,
porque nació tu cuerpo del amor y la sangre,
y en él te guardaremos como al cristal más frágil.

Porque el mundo no es solo este lienzo que espera,
debes tener presente cómo fuiste engendrada.
Recuérdalo, hija mía, cuando encuentres dragones.

YOU WILL ENCOUNTER DRAGONS
(For Vega)

You will wake very soon to crying and laughter,
to the first blows, and will later acquire the gift of words
like the bitter-sweet juice of the bitten fruit.
Shock will overtake you, forever yours,
before the enormous canvas of this waiting world.
Here you have the body born from us, from love and blood,
and in it we will protect you as if the most fragile glass.

Still, despite all, you will encounter dragons.
It'll be the most bitter gift you'll have to open alone.
Now it is early and you rest in the liquid womb,
but, sooner or later, you will encounter dragons.
Though before, much before, you'll chase pigeons,
an affectionate dog will lick your face,
you'll want to be a mermaid and swim with dolphins.

Still, life has its dismal places,
you will encounter dragons in its violent waters.
Remember then how you were made,
how in the first tremor of your cells
love already abides. Don't forget.
Remember it, daughter, when you encounter dragons.
And your courage will be unique among others,
because your body was born of love and blood,
and in it we protect you as if the most fragile glass.

Because life isn't only this waiting canvas,
you should remember how you were made.
Remember it, daughter, when you encounter dragons.

EL OTRO

Con la amenaza cierta de otro tiempo
peor, que hará pedazos
esta frágil quietud, esta apariencia
de paz, me entrego al día
y a su celebración,
agradeciéndolo.

Espero un viento que ha de tronchar ramas
y arrancarles las hojas para siempre.
Se llevará los restos de aquel otro,
de aquel hombre futuro,
no del que hoy es feliz y que se siente
el ser más poderoso de la Tierra.

THE OTHER

With the certain threat of another,
even worse time, which will shred
this fragile calm, this semblance
of peace, I turn myself over to
day and its celebration,
full of gratitude.
I wait for a wind that ought to shatter branches
and tear off their leaves forever.
It will carry off the remains of that other,
of that future man,
not the one happy today
nor he who feels himself
the most powerful being on the Earth.

Antonio Rodríguez Jiménez: Currently a high school teacher in Albacete (Castilla-La Mancha, Spain), born in 1978, is an Hispanic Filology graduate of the Salamanca University, and master in Literary Editions of the Salamanca University and Santillana Group. Rodríguez Jiménez is a poet, literary critic and playwright. He has received important poetry prizes in Spain, like "Antonio Machado", "Antonio Gala" or "Arcipreste de Hita". He is the author the poetry books, *El camino de vuelta* (2012), *Insomnio* (2013), *Las hojas imprevistas* (2014), *Los signos del derrumbe* (2014) and *Estado líquido* (2017). His poems, translated into English by Jorge Rodríguez-Miralles, have appeared in *Cimarron Review*, *Osiris*, *Asheville Poetry Review* and *Connecticut River Review*.

Jorge Rodríguez-Miralles is currently a high school teacher and an adjunct professor of writing and literature at Miami-Dade College and St. Thomas University in Miami, Florida. Jorge Rodríguez-Miralles is also an MFA in Creative Writing graduate of the Jack Kerouac School of Disembodied Poetics at Naropa University, Boulder, Colorado. Jorge is a poet, literary critic, translator, plus enthusiastic advocate for peace-making via ecological and spiritual renewal. His poetry and literary criticism has appeared in print and online in the following periodicals: *Metropolis, TheThePoetry, Big Bridge, Cimarron Review, Bombay Gin, Danse Macabre, The Battersea Review, Osiris Poetry, Ragazine, Connecticut River Review, El Coloquio de los Perros* and *La Galla Ciencia*. Rodríguez-Miralles also published his own first collection of poems, *Everything/ Nothing*, in the spring of 2014.

www.ingramcontent.com/pod-product-compliance
Lightning Source LLC
Chambersburg PA
CBHW012007120526
44592CB00040B/2654